AF338727

MÉMOIRE

LU A LA SOCIÉTÉ

POUR

L'INSTRUCTION ÉLÉMENTAIRE DE PARIS,

P. N.
D...
N.° 22.

Imprimeur de S. A. S. Madame la
airière d'Orléans, rue de l'Hirondelle,

MÉMOIRE

LU A LA SOCIÉTÉ

POUR

L'INSTRUCTION ÉLÉMENTAIRE DE PARIS,

Dans les Séances du 6 et du 20 septembre 1815,

Par M. Amorós,

Membre de la même Société et de différentes Sociétés patriotiques d'Espagne ;

Sur les Avantages de la Méthode d'Éducation de PESTALOZZI, *et sur l'Expérience décisive faite en Espagne en faveur de cette Méthode.*

« Non insanabilibus ægrotamus malis. »

A PARIS,

Chez FAVRE, Palais-Royal, Galerie vitrée, N.° 231.
Et chez les Marchands de Nouveautés.

1815.

MÉMOIRE

Lu à la *Société pour l'Instruction élémentaire* de Paris, dans les séances du 6 et du 20 septembre 1815, par M. Amorós, membre de la même Société et de différentes Sociétés patriotiques d'Espagne;

Sur les avantages de la Méthode d'éducation de PESTALOZZI, *et sur l'expérience décisive faite en Espagne en faveur de cette Méthode.*

« *Non insanabilibus ægrotamus malis.* »

« Nos maux ne sont pas sans remède » a dit Sénèque, et ont répété après lui d'autres savans aussi courageux que philantropes. Le perfectionnement de l'éducation est le meilleur remède qu'on puisse appliquer aux grandes calamités : elle présente un champ vaste à notre intelligence, et nous trouverons tous un avantage réel dans les recherches dont on s'occupera pour découvrir quelle est l'éducation la plus convenable, ou pour la mettre en pratique.

Si l'attribution la plus belle de l'homme est celle de faire du bien à ses semblables, le meilleur moyen de le faire, c'est de lui offrir une éducation parfaite. Les hommes ne peuvent être heureux qu'en proportion du bien qu'ils font, et si c'est le premier de leurs devoirs, c'est aussi le plus grand de leurs plaisirs.

On doit attribuer sans doute à la force de ces principes un fait qui honore dans ce moment les sentimens des Français. On voit avec plaisir que, quoique la situation actuelle de la France ne soit pas très-favorable pour s'occuper d'éducation, cependant le patriotisme de beaucoup d'hommes éclairés sait vaincre tous les obstacles qui s'opposent à l'amélioration de cette importante branche de l'économie publique ; et le bruit des armes n'étouffe point les accens paisibles de la philantropie. On écrit sur la manière de rendre meilleurs les hommes ; on fait l'éloge de la Méthode de Lancaster, et une société s'est formée pour la propager, et mettre en œuvre tout ce qui aura une influence directe sur le perfectionnement de l'éducation publique.

Au milieu de cet élan tendre et magnanime, je crois qu'on ne trouvera pas déplacé que l'on parle de la *Méthode d'éducation de Pestalozzi*, et puisque l'on cherche de bonne foi le meilleur système d'enseignement, tâchons de présenter celui du respectable Helvétien sous le point de vue sous lequel des expériences positives, et des résultats obtenus, permettent de le développer.

Il serait inutile de donner une explication complète de ce système, après la publication en 1812, par M.ʳ Julien, de deux volumes ayant pour titre : *Esprit de la Méthode d'éducation de Pestalozzi.*

suivie et pratiquée dans l'Institut d'éducation d'Iver-dun en Suisse. Il a paru aussi auparavant en France d'autres écrits qui traitaient de cette Méthode, et pour décider la confiance en sa faveur, j'oserai encore présenter ici quelques nouvelles observations et découvertes.

Cette Méthode vient de mériter, de la part de S. M. l'Empereur de Russie, une marque d'estime qui doit devenir à celle-ci fort avantageuse, et contribuer beaucoup à sa propagation. En accordant l'ordre de Saint-Vladimir au respectable vieillard Pestalozzi, l'Empereur Alexandre a honoré autant le philosophe suisse qu'il s'est honoré lui-même. S. M. était bien sûre qu'elle donnait une récompense au vrai mérite, et cette distinction peut servir de mesure à l'importance du système d'éducation qu'elle protége, ainsi que la lettre écrite par S. M. même à M. Pestalozzi, datée de Vienne, le 4 [16] novembre 1815, et celle du comte Capo d'Istria, du 6 [18] du même mois. (1)

Je n'aurais pas la témérité d'invoquer des noms aussi respectables, ni de parler devant des personnages si distingués par leurs productions littéraires, si je n'avais pas pour m'encourager l'autorité de l'expérience et une réunion de faits qui viendront à l'appui de ces premières indications.

Si nous voulons suivre le conseil de Bacon, « nous » devons nous arrêter un moment sur les anciennes

---

(1) Voyez la note N.° 1.

» routes ; regarder ensuite autour de nous , pour dé-
» couvrir quel est le chemin le plus droit, et mar-
» cher ensuite d'un pas ferme. » Ce conseil est aussi
sage en éducation qu'en politique. Je crois que tout
est dit à présent à l'égard des meilleures méthodes
possibles d'éducation , mais qu'il faut *nous arrêter
pour observer les faits et les expériences qui parlent
en faveur des plus utiles* , et que nous n'avons pas
besoin de chercher de nouveaux systêmes ou de nouvelles théories. « Ce sont les choses de fait , a dit
» La Harpe , qui font naître les idées. Sans la con-
» naissance des faits , c'est une nécessité de raisonner
» faux , ou en l'air , comme on le voit trop souvent,
» même avec ce qu'on appelle de l'esprit ; et au con-
» traire , plus on a de faits , plus il est aisé de juger,
» puisqu'on a plus de pièces de comparaison, et plus
» on combine, mieux on se décide, mieux on agit. »
Je suis persuadé , Messieurs, que vous avez tout ce
qu'il faut pour adopter un plan parfait d'éducation ;
les principes les plus sages , les livres élémentaires les
plus utiles , les réglemens et les institutions les mieux
conçues , et les dispositions les plus heureuses : il ne
manque autre chose que de savoir faire des applications convenables , et tirer parti de ces précieux élémens. « Les meilleures maximes, disait Pascal , sont
trouvées, il ne s'agit que de les bien appliquer ». Je
vois généralement que tous ceux qui ont parlé d'enseignement se sont fixés sur les choses qu'il faut apprendre aux enfans, et l'âge dans lequel elles doivent

être enseignées ; mais ce ne sont pas *les choses* qui offrent des difficultés, c'est *la manière d'enseigner ces choses ;* et voilà le point dans lequel Pestalozzi excelle.

La morale, la politique, l'économie, et même l'éducation présentent des vérités et des découvertes aussi sûres que les mathématiques ; mais pourquoi ne sont-elles pas adoptées ?.... La réponse à cette question me mènerait très-loin, et pour abréger, je dirai seulement : *Parce qu'on ne veut pas....* Mais il faut vouloir, et fortement, si on désire avoir une éducation et former des hommes accomplis. La devise, pour reformer l'éducation, et pour combattre avec succès l'ignorance, les préjugés et les passions dangereuses, doit être *volonté, persévérance.* Voilà mon opinion, et le but le plus important que l'homme public et l'homme de bien puissent se proposer. L'éducation, d'ailleurs, a une si grande influence dans la destinée des peuples et des rapports si intimes avec la politique, que Rousseau a dit qu'il ne connaissait point un ouvrage d'éducation meilleur que *la République de Platon,* et par contre-coup, on pourrait dire aussi qu'un des meilleurs ouvrages de politique est l'*Emile.* Mais, laissant à part les opinions, parlons des faits.

Avant la malheureuse invasion et la révolution d'Espagne, le Roi Charles IV s'occupait avec la bonté qui le caractérise de tous les moyens possibles de procurer des avantages à la nation qu'il gouvernait. Il vit qu'elle avait un grand besoin de réformer et d'améliorer ses

méthodes d'enseignement, et d'adopter un plan général d'éducation basé sur des principes plus solides et
mieux raisonnés.

Sa Majesté fit écrire à tous les Ambassadeurs et Mi-
nistres dans les cours étrangères, pour les inviter à
envoyer tous les réglemens et traités d'éducation les
plus accrédités. La France, le Danemarck et la Suisse
offrirent de riches et abondans matériaux, et parmi
ces matériaux, ceux qui avaient rapport à la Méthode
de Pestalozzi parurent les plus précieux et les plus
dignes d'attention. Le Roi se décida à faire un essai
de cette méthode, donna des ordres en conséquence,
et avisa avec la plus grande générosité aux moyens
nécessaires pour former à Madrid un Etablissement
ou Institut Pestalozzien.

Le Prince de la Paix reçut la mission spéciale de
protéger cette entreprise, et on fit venir de Tarra-
gone, et même de Suisse, MM. Woltel, Studer et Smel-
ler, pour diriger l'enseignement d'après le plan qui
venait d'être adopté. Une commission de savans,
présidée par un conseiller de Castille, fut nommée
pour examiner la méthode; et cent élèves, pris dans
toutes les conditions, depuis l'âge de cinq ans jusqu'à
celui de seize, furent admis à l'enseignement public
de l'Institut. On écrivit à toutes les sociétés et corps
savans et enseignans d'Espagne, afin qu'ils envoyas-
sent des hommes instruits, pour se pénétrer de la
méthode; et plus de soixante personnes respectables
par leurs connaisances, leur moralité et d'autres qua-

lités recommandables, arrivèrent à l'Institut de toutes les provinces de la monarchie. Les maîtres des écoles de Madrid furent les premiers qui concoururent à l'établissement, et se disputèrent l'honneur de diriger les différentes sections ou classes qu'on forma à mesure que les élèves faisaient des progrès. Il n'est pas possible de prendre des dispositions plus politiques et mieux réfléchies pour donner à cette expérience toute la publicité et la solidité convenables.

L'Institut Pestalozzien de Madrid acquit promptement la réputation qu'il méritait, et par des progrès véritablement étonnans, les enfans prouvèrent qu'on ne pouvait trouver un système plus favorable au développement de leurs facultés intellectuelles et physiques. La commission des savans observateurs suivit huit mois les progrès de l'enseignement, et fit autant de rapports au gouvernement, déclarant dans le dernier, daté du 25 juillet 1807 : « Que la méthode » était bonne dans tous ses rapports ; qu'elle était » bonne par les résultats intellectuels produits par » elle dans les enfans ; qu'elle était bonne par la ma— » nière de leur apprendre à parler, à lire, à écrire » et à dessiner ; qu'elle était bonne par son influence » sur la moralité des enfans, et par la disposition » qu'elle leur donnait pour se consacrer aux arts, aux » sciences, et à toutes les professions utiles, et que par » conséquent ELLE DEVAIT ÊTRE ADOPTÉE. »

Toutes ces conclusions, précédées de raisonnemens et de preuves décisives, furent signées par le président de la commission, le conseiller de Castille, M.ʳ Puig, et les membres de la même commission, MM. Andujar, Bauza, Almagro, Alea, et Ferrer, secrétaire.

M.ʳ Andujar, traducteur des OEuvres Elémentaires de Pestalozzi, en fit présent à l'Institut, et cet établissement reçut une organisation provisoire d'après un réglement du 7 août 1807.

Comme j'avais été l'agent intermédiaire de la vérification de toutes les mesures du gouvernement, le Roi Charles IV me confia la direction de l'Institut, et voulant que son fils, l'Infant Don François de Paule, fût instruit par une méthode qui venait de recevoir des preuves si éclatantes de sa bonté, il me confia aussi l'éducation du jeune Prince, avec la latitude convenable pour pouvoir veiller à l'une et à l'autre.

L'Institut de Pestalozzi, à Madrid, à cette époque, était à-la-fois un établissement d'essai, une école normale, et une école militaire. Ces différentes parties marchaient parfaitement d'accord sans se nuire, comme les résultats le prouveront. Mais en Espagne, plus que par-tout ailleurs, on devait trouver une forte résistance à un plan d'éducation éminemment libéral, et qui a besoin de quelques efforts et de beaucoup d'application pour pouvoir s'apprendre à un certain âge. D'un autre côté, il n'est pas si facile qu'on le croirait de faire entendre aux hommes, comme le dit Montesquieu, que « les connaissances leur donnent la douceur nécessaire pour s'aimer; que la

» raison éclairée conduit à l'humanité, et que les
» préventions seules en éloignent. » Ainsi la même
opposition que la méthode éprouva au commence-
ment en Suisse se manifesta en Espagne, et on mit
tout en œuvre pour lui enlever la protection du gouvernement. On voulut d'abord s'en prendre au sys-
tême lui-même ; ensuite on tenta de l'attaquer dans
les applications qu'on en faisait à l'Institut de Madrid :
enfin rien ne fut épargné ni par l'intrigue, ni par
l'esprit de parti, ni par le génie fatal de l'ignorance,
la bassesse et les plus noires calomnies. Mais les
séances de l'Institut rendues publiques et sa marche
assurée détruisaient toutes les résistances, et rédui-
saient au désespoir ses envieux et ses ennemis. Un examen de l'Infant Don François de Paule, qui eut lieu
devant ses augustes père et mère, ses frères, son oncle
et toutes les personnes attachées à la cour, offrit une
nouvelle preuve de l'excellence de la méthode, et le
Roi donna des récompenses aux enfans qui accom-
pagnaient le Prince dans ses exercices. Quatre furent
créés sous-lieutenans, et le capitaine Woitel obtint
aussi le grade de lieutenant-colonel.

Ensuite l'examen général de l'Institut de Madrid,
du 1.er janvier 1808, présenta l'accomplissement des
vœux de tous ceux qui prenaient un véritable intérêt
aux progrès des lumières par les avantages d'une
bonne éducation, et la résolution du problème important que l'Espagne cherchait avec tant de soin et de
sacrifices ; tel était ce problème :

QUELLE EST LA MEILLEURE MÉTHODE D'ÉDUCA-
TION CONNUE ?

La solution donnée par la commission des savans,
par tous les pères de famille qui avaient des enfans à
l'Institut, par les disciples observateurs envoyés des
provinces, par les examens particuliers et généraux,
et par plus de mille témoins impartiaux, fut :

LA MÉTHODE DE PESTALOZZI.

J'ai cru cette solution et ces preuves d'une si grande
importance, non seulement pour l'Espagne, mais
pour l'humanité entière, que dans les momens cri-
tiques où il m'est devenu indispensable d'abandonner
ma patrie, et beaucoup d'objets bien précieux pour
moi qui m'entouraient, j'ai sauvé, dans mon porte-
manteau, les pièces qui constatent ces vérités, et les
mémoires publiés à cet effet par le gouvernement. La
traduction de ces pièces complétera l'objet que je me
propose ; mais en attendant, je crois convenable de
présenter ici une analyse du programme de l'examen
général, du 1.er janvier 1808, par lequel on pourra
se convaincre de l'excellence de la Méthode de Pestalozzi, ainsi que de la pureté et de l'exactitude avec
lesquelles l'enseignement fut dirigé à l'Institut de
Madrid.

Cet établissement était alors divisé en huit sections,
chacune sous la direction de deux maîtres. Il y avait
différentes classes particulières, auxquelles se ren-

daient les enfans en sortant des salons, où ils s'exer-
çaient sur les tableaux de Pestalozzi.

Classe de la théorie des formes, du dessin, d'écri-
ture, de doctrine chrétienne et morale, de musique,
d'exercices militaires et gymnastiques.

L'examen commença par le PREMIER TABLEAU de l'Instruction *intuitive* (1) du rapport des nombres, qui se compose de huit exercices, et enseigne toutes les combinaisons de l'unité.

Le premier exercice est une énonciation du méca-
nisme du tableau, et du rassemblement d'unités, selon
l'ordre de sa position.

Exemple : Où trouve-t-on 7 fois 8 ?

Le second exercice enseigne à résoudre les différentes collections d'unités en unités simples, et à réduire ces mêmes unités en collections d'un nombre
quelconque.

Exemple : Dans 76 fois 8, combien de fois se trouve
le nombre *un ?* Ou opérez de même dans le sens inverse.

Le troisième exercice apprend à former un nombre

---

(1) Voyez la note N.º 2.

de collections d'un certain nombre donné d'autres collections d'une dénomination différente.

Exemple : En 87 fois 7, combien de fois se trouve le nombre 9?

Le quatrième exercice apprend à connaître le rapport qu'a, avec l'unité et avec les parties aliquotes d'une quantité quelconque, une autre quantité, prise un certain nombre de fois.

Exemple : En 79 fois la trente-quatrième partie de 238, combien de fois se trouve le nombre *un* ? ou combien de fois la vingt-neuvième partie de 232 ?

Le cinquième exercice enseigne à connaître de quel nombre d'unités est la moitié, la troisième, quatrième partie, etc., un nombre quelconque proposé.

Exemple : 6 fois 7, plus 3 fois la septième partie de 7, de quel nombre est la troisième partie?... Ou bien 5 fois la quarante-huitième partie de 384, de quel nombre est la neuvième partie?... Ou bien de quel nombre est 6 la quatre-vingt-sixième partie?

Le sixième exercice apprend à connaître de quelle quantité un nombre donné est un nombre quelconque de fois la moitié, la troisième partie, la quatrième, etc.

Exemple : De quel nombre 378 est 54 fois la quatre-vingt-sixième partie?

Le septième exercice enseigne à trouver le qua—

trième terme d'une proportion géométrique directe, dont le premier terme soit une seule collection de celles qui se trouvent dans les différentes lignes de la table.

Exemple : 3 sont à 27, comme 9 à quoi?

Le huitième exercice enseigne à trouver le quatrième terme d'une proportion, dont le premier terme soit composé de différentes proportions des mêmes collections.

Exemple : 256 sont à 632, comme 288 à quoi?... ou bien 720 sont à 16, comme 550 à quel nombre?

―――――――――――

Second tableau de l'Instruction *intuitive* du rapport des nombres, qui enseigne les fractions de l'unité.

Le premier exercice est une énonciation exacte de ce tableau.

Exemple : Comment s'appelle dans chaque cas chaque partie d'un entier qui aura huit ou plus de parties égales? Combien de parties composent chaque entier? et lesquelles sont plus grandes ou plus petites?

Le second exercice enseigne à réduire un nombre donné d'entiers en fractions d'une dénomination quel-

(14)

conque, et de la même manière à convertir celles-ci
en entiers.

Exemple : Dans 74 entiers combien de moitiés , de
tiers , de huitièmes ou de dixièmes y a-t-il ? ou bien
dans l'ordre inverse.

Le troisième exercice se propose de trouver le rapport de différentes collections de fractions d'une dénomination connue , entre elles et avec l'unité.

Exemple : Dans 59 entiers combien de fois y a-t-il
16 septièmes ? ou dans l'ordre inverse.

Le quatrième exercice apprend à réduire des unités d'entiers à une fraction déterminée d'un nombre
quelconque donné d'entiers.

Exemple : Dans la septième partie de 539 entiers
combien y a-t-il d'entiers ?

Le cinquième exercice enseigne à réduire en entiers
la fraction multipliée par un nombre quelconque
de fois.

Exemple : Dans quatre-vingt sept fois la neuvième
partie de 12 entiers combien d'entiers y a-t-il ?

Le sixième exercice se propose de trouver de quel
nombre d'entiers est une fraction donnée , la moitié,
la troisième partie, la quatrième partie, etc.

Exemple : De quel nombre 5 fois la neuvième partie de 4 entiers est la 68ᵉ fois ?

Le septième exercice enseigne à connaître de combien d'entiers avec fraction, ou sans fraction, est un nombre quelconque de fois un ou plus d'entiers, la moitié, la troisième ou quatrième partie, etc.

Exemple : De combien d'entiers 14 entiers font 9 fois la 79.ᵉ partie ?

Le huitième exercice enseigne à trouver le quatrième terme d'une proportion, dont le premier terme soit partie aliquote du second.

Exemple : 8 entiers et 3 huitièmes sont à 67 entiers, comme 27 entiers et 5 huitièmes sont à combien d'entiers ?

Le neuvième exercice enseigne à trouver le quatrième terme d'une proportion dont le premier terme contienne le second un certain nombre de fois.

Exemple : 327 entiers sont à 40 entiers et sept huitièmes, comme 654 entiers à quoi ?

Le dixième exercice se propose de trouver le quatrième terme d'une proportion dont le premier terme soit un nombre de fois la moitié, la troisième partie, la quatrième partie, etc. du second.

Exemple : 9 entiers sont à 30 entiers et 6 septièmes, comme 24 entiers à quoi ?

AVERTISSEMENT.

Il ne faut pas oublier que je transcris ici le programme de l'examen général de l'Institut, tel qu'il fut rempli. Ainsi je ne dis rien du troisième tableau de l'Instruction *intuitive* du rapport des nombres, qui suit dans la méthode immédiatement après le second, parce que les enfans ne l'avaient pas encore appris. Ce troisième tableau enseigne tous les rapports des fractions d'unités, divisées en d'autres fractions.

PREMIER TABLEAU des Dimensions, ou de l'Instruction *intuitive* du rapport des formes.

Dans les cinq exercices de ce tableau on apprend à connaître les rapports des différentes parties égales qui divisent les lignes horizontales et verticales qu'on y trouve; à expliquer les parallèles, les angles droits et contigus, le carré et les quadrilatères rectangles.

Il enseigne aussi à démontrer le rapport qu'il y a entre les rectangles formés dans le carré par sa division, depuis une jusqu'à neuf lignes horizontales ou verticales; et le rapport qu'il y a entre les carrés plus petits que produit la division du même carré par les lignes horizontales et verticales en même temps.

Il enseigne, enfin, le rapport qu'il y a entre la hauteur et la largeur des rectangles et l'inclinaison et la direction des diagonales qui les coupent.

Second tableau des Dimensions, ou de l'Instruction *intuitive* du rapport des formes.

Dans les huit exercices de ce tableau, qui est divisé en deux parties, on apprend à désigner le rapport des fractions linéaires, en les déterminant par les différens points, ou petites lignes qui divisent les lignes horizontales qui le composent.

———————

Les enfans de l'Institut parvinrent à résoudre, avec une promptitude étonnante, en 14 mois de temps, toutes les espèces de problêmes que le sort ou le public leur présenta dans tous les rapports offerts par ces tableaux, et ces problêmes étaient composés de nombres très-considérables. Je placerai à la fin de cet écrit une note avec quelques-uns de ces problêmes (1), afin qu'on puisse juger plus sûrement de la force des enfans dans *le calcul*, et des applications aux objets réels que la méthode peut faire, et qu'ils firent au grand étonnement de tous les spectateurs, tant dans l'examen devant la Cour, que dans l'exa-

———————

(1) Voyez la note numéro 3, pour les problêmes proposés dans les examens, ainsi que la note numéro 4, pour connaître la marche suivie par les enfans dans la résolution d'un de ces problêmes.

men général à Madrid. La résolution des problêmes
les plus compliqués, faite par eux *de tête*, ou de
mémoire, avec la rapidité de l'éclair et sans le secours du crayon, de la plume, ni d'aucun signe
matériel, offre encore un phénomène intellectuel bien
surprenant. Le voici : Après la solution rapide d'une
question, on demandait à l'enfant la preuve, ou la
démonstration de la vérité énoncée, et quelquefois il
employait cinq ou six minutes à présenter, toujours
verbalement, ou de mémoire, la série des raisonnemens qu'il avait formés dans un instant pour trouver
la solution demandée.... Admirable pouvoir de l'imagination, conduite par la méthode à un degré de puissance intellectuelle incapable d'être conçu, si l'expérience n'en démontrait pas la certitude et la réa-
lité !!!....

Géométrie élémentaire et pratique.

Dans cette partie, les enfans expliquèrent toute
espèce de figures géométriques et la qualité des lignes
et des angles qui les composaient.

Théorie élémentaire des formes.

Cette théorie était divisée en différentes sections.
Dans la première, les enfans donnèrent le nom
propre à tous les solides.

Dans la seconde, ils distinguèrent le nombre de leurs côtés.

Dans la troisième, ils les classèrent par la diversité de leurs côtés ; mais en les distinguant par leurs formes concaves, convexes ou planes.

Dans la quatrième, ils distinguèrent ces mêmes côtés par leurs formes sphériques, coniques, cylindriques, etc.

CLASSE DU DESSIN GÉOMÉTRIQUE, SANS LE SECOURS DE LA RÈGLE NI DU COMPAS.

Les enfans formèrent des lignes horizontales et verticales, et les divisèrent dans les parties égales qu'on leur demanda.

Ils dessinèrent, avec la plus grande précision, dix lignes horizontales et verticales, formant avec elles une progression arithmétique de longueur depuis un jusqu'à dix.

Ils formèrent des angles droits, obtus, aigus, de l'ouverture qu'on leur demandait en fixant le nombre de degrés.

Ils formèrent des triangles rectangles, obtusangles, acutangles, équilatéraux, isocèles, scalènes, carrés, rectangles de base et de hauteur demandés d'un certain nombre de pouces et lignes, poligones, avec le nombre des côtés et les dimensions qu'on leur demandait, et des angles saillans ou rentrans ; cercles, ellipses, etc.

Ils divisèrent le carré et le rectangle dans le nombre de rectangles et carrés égaux ou inégaux qu'on leur demandait, ainsi que les superficies du cercle et de l'ellipse.

Toutes ces opérations étant faites sans le secours de la règle ni du compas, les examinateurs se servaient ensuite de ces instrumens pour s'assurer de l'exactitude des dimensions et des formes demandées, et on les trouvait identiques. Quelle force et quelle assurance dans la main!..... Quelle perspicacité dans la vue pour arriver à ce point surprenant d'exactitude!.... Le fameux peintre espagnol du Roi, Goya, quand il s'en aperçut, s'écria, étonné : *Ah si j'eusse été Pestalozzien!*

CLASSE DU DESSIN APPLIQUÉ AUX FORTIFICATIONS.

Dans cette partie, après avoir dessiné un poligone régulier, ils tracèrent les lignes magistrales des courtines et des bastions ; et la même opération fut faite avec un pentagone, un hexagone, etc.

CLASSE DU DESSIN APPLIQUÉ A L'AR-CHITECTURE.

Les enfans dessinèrent les chapitaux des ordres toscan et dorique, avec les bases et corniches des mêmes ordres, et toujours sans se servir ni de la règle ni du compas , qu'ils remplaçaient par la fermeté de leurs muscles.

CLASSE DU DESSIN APPLIQUÉ AU PAYSAGE.

Ils dessinèrent différens nombres des feuilles , inscrites dans un demi-cercle , diverses masses de feuilles avec les troncs des arbres , et des troncs sans feuilles; le tout suivant les principes de MM. Boudeville et Mandevare , approuvés par la Société libre d'Institution de Paris , que je faisais parvenir à l'Institut à mesure qu'ils étaient publiés.

CLASSE DU DESSIN APPLIQUÉ A L'ART D'ÉCRIRE.

Les enfans firent dans cette partie des prodiges d'adresse et de netteté , tant pour la forme des différens caractères qu'on leur demandait que pour les dimensions et les ornemens. Quant au dessin appliqué à la nature de l'homme et des animaux , on avait préparé les meilleurs modèles ; mais il n'avait pas encore été commencé ; parce que , selon mes principes , il doit se placer après les autres , comme le plus difficile. Il y avait cependant un Pestalozzien qui dessinait très-bien déjà, sur l'ardoise , les têtes les plus difficiles , en les réduisant , ou les augmentant, selon les proportions qu'on lui demandait. Le dessin des fleurs

devait suivre celui du paysage , et les dessins d'or-
nement et de perspective devaient terminer la chaîne
des applications de cet art enchanteur , parce qu'ils
admettent dans leurs compositions toutes les autres
branches.

MANUEL DES MÈRES.

Les enfans expliquèrent en cinq exercices toutes les
parties du corps humain , en les divisant et en montrant les rapports qu'elles ont entre elles. Cette partie
de la méthode, qui devait se composer de dix exercices , doit être considérée comme la base du système
de Pestalozzi , et son titre annonce qu'elle est destinée à cette aimable moitié du genre humain, qui
est le premier et le plus tendre maître de l'enfance.
Pestalozzi, comme Rousseau, Drouïn et sur-tout *la
Nature*, ont assigné aux femmes cette intéressante et
auguste mission , et je suis de l'opinion des auteurs
qui ont dit : *Point d'éducation si l'on ne commence
pas par celle des femmes.*

CLASSE DE LECTURE.

Les enfans analisèrent les périodes dans toutes leurs
parties , selon la Méthode de Pestalozzi, appliquée à
la langue castillane.

CLASSE DES LANGUES.

Les Pestalozziens firent une partie des exercices du *Manuel des Mères* et tous les exercices du premier tableau des nombres en espagnol, français et allemand, et résolurent dans ces mêmes langues tous les problèmes qu'on leur proposait, avec la seule différence, que les premières sections ou classes des enfans parlaient plus correctement, et faisaient un plus grand nombre d'exercices dans différens idiomes.

CLASSE DE MORALE ET DE RELIGION.

Ils répondirent aux questions cathéchistiques qu'on leur adressa selon la force de leurs facultés intellectuelles, et pour favoriser l'acquisition des préceptes, j'avais fait inscrire sur la porte d'entrée de chaque salon de l'Institut, sur les Tableaux de Pestalozzi et autres, des sentences convenables en gros caractères, et quand on enseignait la morale aux enfans, ils en savaient déjà par cœur une partie ; mais ces sentences étaient écrites en bon espagnol, et non en *latin* ou en *grec*, comme une érudition, ou pour mieux dire, un pédantisme bien déplacé, a coutume de le faire généralement. On ne doit jamais oublier dans les Institutions que : *Mundus regitur parvâ sapientiâ,* et qu'il ne faut pas, en éducation sur-tout, abandonner ce principe, si on veut être toujours à la portée des enfans.

Je pense que les préceptes de la morale, à l'égard de l'enfance, devraient être toujours appuyés d'un exemple ou d'une application du précepte, et que l'exemple devrait être accompagné d'un tableau. Voilà un concours nouveau à proposer, et des résultats bien précieux à obtenir :

La meilleure personnification possible de toutes les vertus, ou l'action mieux rendue de chacune des vertus.

Le peintre qui représenterait le mieux la Vérité, la Bienfaisance, la Justice, la Sobriété, la Reconnaissance, la Modération, le Désintéressement, et l'Amour de la Patrie, etc. mériterait bien de l'enfance et de l'humanité ; le poëte à qui l'on devrait les meilleurs couplets pour enseigner les vertus aux enfans ; le musicien qui les embellirait encore par les agrémens de son art, devraient être immortalisés par des statues.

Les Pestalozziens de Madrid chantaient en marchant des airs patriotiques, et célébraient les louanges de leur bon Roi Charles IV, ou bien ils récitaient des sentences morales, philosophiques et même politiques, en faisant tous leurs mouvemens, et animés par le plaisir du chant, ils les exécutaient chaque fois avec plus de vigueur, au point de convertir en amusemens les plus grandes fatigues. Par ce moyen, ils apprenaient à la fois à se rendre vigoureux, à chanter juste, à augmenter le volume de la voix ; ils apprenaient des combinaisons harmoniques, et retenaient l'axiome

ou la maxime que le couplet exprimait, et qu'ils
n'oublieront jamais.

CLASSE DE MUSIQUE.

Dans les deux grands tableaux de musique que je fis
faire en les appliquant à la méthode, cinquante enfans
apprenaient à la fois, et ils expliquèrent toute la théorie
de la musique, depuis le *pentagrame*, ou la portée, jusqu'aux parties les plus compliquées des notes, annon-
çant l'emploi, la valeur, les temps, etc. et ils chantè-
rent différentes leçons très-difficiles de la *Méthode du
Conservatoire de Paris*.

GYMNASTIQUE.

Dans cette branche si importante de l'éducation,
si appréciée par les anciens (1), et si abandonnée de
nos jours, les enfans de l'Institut de Madrid présentè-
rent une preuve bien évidente du pouvoir d'une méthode qui fait marcher parallellement les développemens physiques et intellectuels des enfans. Fried-
lander nous dit « *que le plus beau résultat de l'édu-*
» *cation, et le plus grand avantage du caractère,*
» *c'est cet équilibre qu'on apprend à établir entre*
» *les forces respectives* ». Cette vérité a été bien prou-

---

(1) Voyez la note N.º 5.

vée par les Pestalozziens espagnols. Après les prodiges qu'on leur vit faire dans toutes les branches intellectuelles de la méthode, on observa aussi qu'ils savaient se soutenir d'une main à une hauteur considérable, même pendant un long espace de temps ; monter par une échelle de corde verticale, non fixée à la base, et par une simple corde avec ou sans nœuds ; qu'ils avaient appris à grimper sur des arbres, à franchir des fossés, des murs ; à lutter, à nager habillés et avec un havre-sac sur le dos ; qu'ils savaient marcher au pas réglé en chantant ; courir, commander, crier, mouvoir les bras, les jambes et la tête dans tous les sens nécessaires, pour acquérir de la grace, de la force et de l'agilité ; qu'ils s'étaient accoutumés à n'avoir pas de besoins factices, à être sobres, à avoir en horreur l'ivrognerie, comme les Lacédémoniens ; à être reconnaissans envers leurs bienfaiteurs ; à dormir seulement le temps nécessaire pour se reposer et renouveler leurs forces ; à savoir apprécier les distances et connaître le temps nécessaire pour les parcourir ; à supporter le froid et la chaleur ; et principalement, Messieurs, à avoir de la modération au milieu de leurs véritables triomphes et des avantages qu'ils avaient sur les autres enfans qui ne partageaient pas le bonheur d'être Pestalozziens.

Beaucoup de mouvemens gymnastiques se faisaient au son du tambour, instrument utile et nécessaire, qui ne doit pas être considéré exclusivement comme militaire. Il y a des provinces en Espagne, comme il y en a en France, où le tambour est commun à tout le peuple, et fait partie de toutes les réjouissances publiques, civiles ou religieuses, sans craindre qu'on puisse recevoir de mauvaises impressions ou de mauvais principes au son du tambour. Il est convenable dans la gymnastique pour aider à marquer les mouvemens, et rien ne serait plus facile que d'introduire la paix entre les tambours et les cloches. La Chine nous offre des cloches qui ont presque la forme de tambours, et si on ne voulait pas absolument de ces instrumens dans les écoles, sous les formes actuelles, on pourrait les faire plus petits, comme ceux de Biscaye ou de Valence ; ou bien, faisant disparaître cette espèce de lutte, il conviendrait mieux d'employer les cloches à tous les appels pour les études, les prières, de la journée, enfin pour tous les exercices intellectuels, ou, si l'on veut, angéliques, et les tambours pour toutes les opérations physiques et humaines, comme le dîner, la promenade, la gymnastique et les récréations. Les enfans aiment cet instrument, et un des moyens les plus sûrs d'obtenir en éducation des résultats heureux, c'est celui de faire travailler en s'amusant, pour éviter que « la manu- » tention triste et rebutante des lycées ne produise » l'effet ordinaire de faire haïr l'étude pour toute la » vie », comme le disait M. de la Chalotais. A cette autorité respectable, on pourrait joindre celle de La Harpe, qui dit « que toute étude déplaît par elle- » même aux enfans, si l'on n'y joint au moins un

» attrait. Et pourquoi, ajoute-t-il, n'en faudrait-il
» pas à l'enfance, puisqu'il en faut même à la
» raison ? »

Je suis de son avis sur ce point, et aussi sur l'application qu'il en fait. Il croit qu'une des choses qui
ennuie le plus les enfans, et qui produit beaucoup
de mal dans l'instruction, par la manière dont elle
est enseignée, et par la grande consommation de temps
qu'elle occasionne, c'est l'étude du latin et du grec,
dont la surabondance semble se proposer exclusivement de former des Grecs et des Romains. Ce défaut
capital conduit à celui de connaître les exploits et
l'histoire des anciens avant de savoir la sienne, et à
former des partisans de *César* ou de *Pompée*, et
nullement des *Citoyens*. Si au moins, puisqu'on étu-
die les anciens, on les imitait dans tout ce qu'ils
eurent de bon et de grand, on tirerait quelque parti
de cette étude ; mais point du tout : leurs actions
généreuses semblent au-dessus de nos forces puériles,
et comment pourrait-on les imiter avec l'éducation
qu'on nous donne ?.... Cependant le premier besoin
de chaque nation est d'avoir un caractère, et puisque
les Espagnols sont Espagnols, puisque les Anglais sont
Anglais, pourquoi les Français ne seraient-ils pas
Français?.... Il existe un point de ralliement commun
à tous les hommes, à tous les devoirs, à toutes les
vertus, lequel doit être le but de toute bonne éducation, et on ne le trouvera nulle part, si ce n'est
dans la *Patrie*.... O mot sacré !... O talisman en-

chanteur !.... O principe éternel et immuable des
ames magnanimes !.... Quand Démosthènes t'invo-
quait, Athènes était tout oreilles.... Mais, je suis
très-loin d'être Démosthènes, et je dois m'arrêter.,....

Vous sentez, Messieurs, son influence et son pouvoir, et vous êtes convaincus qu'il ne peut y avoir
non plus d'éducation parfaite là où il n'existe point
des inspirations ardentes, des institutions énergiques
qui portent à l'amour de la patrie, de la constitution
et du Prince.

Une de ces institutions est la gymnastique, et je ne
parlerais point avec cette assurance, si je n'avais pas
fait une expérience si positive ; mais la musique lui
doit être réunie ; et tandis qu'on considérera cet art
comme purement d'agrément, et appliqué unique-
ment à ces chansons théâtrales et à ces instrumens
efféminés, on ne pourra pas comprendre ni son utilité
dans l'éducation ni les prodiges qu'il peut engendrer.
Les Grecs avaient le sentiment de l'influence de la musique, et la voyaient par-tout, même dans le mouvement des astres, et les harmonies de l'univers. Mais
nous ne la voyons presque pas. Entre les deux extrêmes
il ne serait point difficile de trouver un juste milieu.

Quant à la gymnastique en général, elle a, comme
tous les autres exercices, ses règles, ses principes et
son but. Pour y arriver, et suivre l'esprit de la Méthode de Pestalozzi, il faut *commencer par le com-
mencement*, comme un de vos savans l'a dit, *suivre
la chaîne des développemens sans faire de sauts ni*

*de lacunes , et arriver à la fin sans estropier ni sa-
crifier les enfans.* Ces importans objets furent atteints
dans l'Institut de Madrid , et le dynamomètre de
M. Régnier nous donnait la mesure de nos progrès
dans le développement des forces , et des résultats
absolument nouveaux dans les théories et les expériences d'éducation physique. Si je ne craignais d'a-
buser de votre complaisance, Messieurs, je vous expli-
querais les progressions insensibles que nous établîmes
pour obtenir des résultats si utiles ; mais permettez-
moi de vous dire que je ne trouve point d'éducation
complète où je ne vois pas la gymnastique , que je
m'étonne de ne pas voir ce dynamomètre mesurant
par-tout les progrès physiques des forces des enfans ,
comme je vois les dynamomètres intellectuels s'assu-
rant de leurs développemens moraux; que je m'étonne
encore de voir qu'on exige pour être admis à l'Ecole
politechnique , par exemple , la connaissance du
latin , de certaines parties des mathématiques et du
dessin , et qu'on ne demande pas un certain degré de
force et l'adresse nécessaire pour savoir sauter un fossé,
grimper sur un arbre, nager, etc. Mais , Messieurs,
ne nous aveuglons pas plus long-temps. Depuis
Socrate , Jules-César et Henri IV, les développemens
des forces physiques ont dû être considérés avec moins
de mépris, et ne pas être séparés de l'éducation publique. Platon même, le divin Platon, apprit la gymnastique à l'école d'Ariston , comme la musique à
celle de Dracon. Il disait que les préfectures de la

musique et de la gymnastique sont les plus importans emplois de la cité. Ces deux arts ont reçu un honneur immortel avec un tel disciple, et je ne comprends pas pourquoi on a méprisé son conseil qu'on devrait regarder comme un oracle : « La liaison générale, dit-
» il, qui est entre l'ame et le corps, ne permet pas que
» le corps puisse être exercé sans l'esprit et l'esprit
» sans le corps. »

Nous voulons qu'un officier sache tracer et construire un fossé, une redoute; mais il ne doit pas posséder la force physique nécessaire pour savoir la prendre, ni la soutenir avec fermeté?..... Quelle inconséquence!..... Nous voulons qu'un paysan soit fort, vigoureux et adroit pour labourer la terre, charger des fardeaux, mouvoir des machines; mais il ne doit pas former ses membres à ces opérations, savoir vaincre les dangers fréquens que son genre de vie lui présente, ni pouvoir sauver celle de ses semblables?..... Quelle contradiction!..... Toutes les nations désirent être respectées, puissantes et industrieuses, et on doit mépriser la moitié des moyens nécessaires pour obtenir ces précieux résultats?..... Quelle absurdité!......

Je parle à des hommes instruits qui n'ont pas besoin que l'érudition vienne à l'appui de mes réflexions sur ce point, ni que l'histoire et la politique leur démontrent ce qu'il est convenable de faire, pour obtenir de l'éducation publique et privée les résultats que

l'intérêt des hommes et des peuples réclame si impé-
rieusement (1).

Commençons d'abord par appeler et honorer les
femmes, sans lesquelles les hommes ne pourront avoir
de succès en éducation ; puisque les femmes doivent
donner aux enfans les premières leçons de l'art de
voir, d'écouter, de se mouvoir, de penser, de parler
et de chanter, les premières notions du juste et de
l'injuste, et la direction convenable aux premiers sentimens de leurs cœurs ; enfin l'instruction la plus pré-
cieuse pour le reste de leur vie, qui est celle de leur
enseigner à apprendre.

Si cette Société avait le bonheur de trouver une
Française comme Madame de Genlis, une Anglaise
comme Madame Edgewort, ou une Espagnole comme
Madame Amar et Borbón, qu'elle se hâte de leur donner une part active dans ses travaux bienfaisans, et
de se montrer supérieure à cette inconvenante coutume de repousser d'une grande Institution les parties
qui sont les plus nécessaires. Il y aura beaucoup de
femmes très-respectables qui mériteront, aussi bien
que ces héroïnes de l'éducation, de prendre part aux
efforts qu'elles sont aussi intéressées que nous à faire,
pour que l'espèce humaine soit digne de sa haute des-
tination ; et les hommes et les femmes, ainsi que *la
nature et l'éducation, peuvent unir par une chaîne*

---

(1) Voyez la note N.° 6.

indissoluble

indissoluble la VÉRITÉ, *le* BONHEUR *et la* VERTU.

Depuis Homère, jusqu'à nos savans contemporains, et parmi eux quelques-uns de ceux qui m'entendent, tous s'accordent dans le seul point, qu'il faut exercer beaucoup le corps des enfans, quoiqu'ils soient si différens entre eux dans tout le reste. Pourquoi, ayant été le plus judicieux de leurs préceptes, est-il celui qui a été le plus négligé ? La simple inspection des noms de quelques-uns des auteurs anciens et modernes, qui ont traité d'éducation, et que je placerai dans une note, prouvera la force de cette assertion (1).

M. Peron s'est servi déjà du dynamomètre pour comparer la force des différens peuples. Il donne aux Français 69, 2 kilogrammes pour la force des mains, et 22, 1 myriagrammes pour celle des reins. Je pourrais faire mention ici de la force des Espagnols, que j'ai mesurés, mais tout cela ne prouve rien pour le moment. Il faut une série d'observations et d'expériences qui ne sont pas encore faites complètement pour graduer la force respective des hommes, et puisque les plus forts sont ceux qui ont développé par une bonne éducation leurs facultés physiques, il est bien facile d'obtenir ce résultat, de remédier à ce défaut capital de presque toutes les institutions, et de faire des hommes complètement développés. En attendant, je crois que les Français pourront avoir autant de force physique que les autres peuples de l'Europe,

---

(1) Voyez la note N.° 7.

(34)

et que le petit nombre d'expériences faites jusqu'à ce
moment ne suffisent pas pour les placer au-dessous
des autres.

Mais si l'on ne voulait pas absolument posséder les
avantages qui donnent un grand développement de
forces physiques, il faudrait mettre sur la porte de
tous les établissemens publics d'éducation, où la
Gymnastique ne serait pas honorée :

ON N'ENSEIGNE ICI QU'A LA MOITIÉ DE L'HOMME.

Combien de personnes, qui ont un courage moral
extraordinaire, succombent dans une lutte engagée
avec d'autres hommes qui les surpassent en force
physique ? Un seul effort nouveau aurait suffi pour
se tirer d'un danger, et les forces ont manqué pré-
cisément dans l'occasion la plus critique ! Combien
d'enfans, combien d'hommes périssent prématuré-
ment, parce qu'ils n'ont pas reçu une éducation athlé-
tique ? Combien de mères par leur tendresse impru-
dente sont parricides de leurs enfans ? Les Lacédé-
moniennes contribuaient à les endurcir et préféraient
plutôt les voir morts que les voir déshonorés, et les
préceptes les plus énergiques, et les mœurs les plus
sévères se suçaient avec le lait.

*Point d'éducation, je le répète, si l'on ne com-
mence pas par celle des femmes.*

Point d'éducation sans Gymnastique.

Je vous prie, Messieurs, de me pardonner si je reviens à chaque instant sur l'importance d'un objet de cette nature ; mon obstination est d'autant plus grande que je le vois plus négligé, et que je suis plus sûr des prodiges qu'il engendre. Voltaire disait, dans un cas à peu près semblable : « On dit que je me ré-» pète, eh bien ! je me répéterai jusqu'à ce qu'on se » corrige. »

J'appellerai encore votre attention sur deux effets très-remarquables de la Méthode de Pestalozzi. Le premier, c'est de faire connaître les dispositions plus ou moins heureuses des enfans pour telle ou telle profession. Il remplit complètement les indications d'un de vos hommes d'état : « L'instruction, a dit M. de » Talleyrand, est l'art plus ou moins perfectionné de » *mettre les hommes en toute valeur*, tant pour eux » que pour leurs semblables ; de leur apprendre à » jouir pleinement de leurs droits, à respecter et » remplir facilement leurs devoirs ; en un mot, à » *vivre heureux* et à *vivre utiles*, et de préparer » ainsi la solution du problème le plus difficile peut-» être des sociétés, qui *consiste dans la meilleure* » *distribution des hommes.* »

Le second point remarquable de la Méthode de Pestalozzi regarde l'emploi du temps. Les enfans sont continuellement occupés, et presque toujours en mouvement ; leur manière de se reposer est de changer d'occupation. Jamais l'axiome de Celse : « *Levat quoque* » *lassitudinem etiam laboris mutatio* » : n'a reçu une application plus rigoureuse , et quand je la verrai établir dans les Institutions publiques d'enseignement, et supprimer pour toujours ces vacances fatales qui font perdre un temps si précieux , je croirai que l'éducation est rentrée dans le sentier qu'elle ne doit jamais abandonner. Les anciens représentaient Hercule tenant à la main une sentence en grec ainsi conçue :

LE TRAVAIL EST LA SOURCE DE LA GLOIRE ET DE LA FÉLICITÉ.

Ce type ou modèle de l'héroïsme était non seulement le plus fort , mais encore le plus éloquent et le plus instruit des hommes. Ces mêmes anciens nous disent: « qu'il faut économiser le temps , car son fil sert à » former le tissu de la vie. » Les modernes disent aussi que « la vie ne vaut rien par elle-même et » s'échappe dans un instant ; que son prix dépend » de la manière de l'employer ; que le bien que l'on » fait a seulement quelque durée et sert à mesurer la » valeur de la vie. » Lancelin ajoute que « c'est sur- » tout de l'emploi du temps que naissent les grandes » différences existantes entre les idées , les talens, la » force pensante et l'esprit des hommes. »

A ces axiomes si vrais et si philosophiques, j'ajou- terai encore que toutes les pertes peuvent se réparer, excepté celle du temps, et que si on sait lui donner une juste répartition , il s'en trouvera assez pour exer- cer à la fois et l'esprit et le corps.

Ces vérités et d'autres une fois reconnues, peut-on concevoir pourquoi on expose les enfans à une oisiveté si préjudiciable (1)? Pourquoi ne réfléchit-on pas que les vacances actuelles, les fêtes si rapprochées, et les jeudis encore, font perdre la quatrième partie au moins de l'année?..... Les enfans, non seulement oublient pendant ce temps la quatrième partie de ce qu'ils ont appris; mais ils n'apprennent pas la quatrième partie de ce qu'ils pourraient apprendre. Par conséquent, ils n'acquièrent point la moitié des connaissances qu'ils pourraient acquérir dans le temps destiné à leur éducation, et je crois que ce calcul, à peu près mathématique, est aussi bien effrayant. Cette considération m'a déterminé à fixer votre attention sur ce grand vice de l'enseignement actuel; et quand Rousseau a dit que « la » plus grande, la plus importante, la plus utile » règle de toute l'éducation, ce n'est pas de gagner » du temps, c'est d'en perdre »; il parlait des progrès intellectuels des enfans, croyant qu'on devait s'occuper de préférence jusqu'à l'âge de douze ans des développemens physiques. Mais il ne connaissait point la Méthode de Pestalozzi, par laquelle les deux facultés des hommes marchent parallellement et font des progrès semblables. Cependant il en prévoyait la pos-

____

(1) L'oisiveté, dit Franklin, ressemble à la rouille, elle use beaucoup plus que le travail. Baglivi a dit : *Otium podagram facit, sanat verò exercitium.*

sibilité, et je pourrais citer à l'appui de cette opinion des pages entières de son Emile.

« Si, en entretenant l'ame et le corps des jeunes
» gens dans une égale activité, leur âme devient
» active dans les occupations même les plus séden-
» taires ; s'il est vrai que les petites passions n'en-
» trent point dans les grandes âmes, et que l'âme
» s'agrandisse en raison du degré d'énergie qu'une
» vie continuellement active imprime à la pensée » ;
les vacances funestes n'ont pu être inventées que par
la *paresse* et l'*ignorance* réunies, ne peuvent être
soutenues que par l'*égoïsme*, qui *est le dernier terme
de la dégradation de l'homme moral*, et ne peuvent
être perpétuées que par la plus *criminelle indifférence*
pour l'humanité (1).

Quand on enseigne par les méthodes communes,
les enfans désirent ardemment les vacances, pour se
soulager de la gêne insupportable des études, et les
maîtres les désirent aussi, ennuyés du peu de progrès
que les enfans font malgré tous leurs efforts. Les Pés-
talozziens de Madrid, au contraire, s'impatientaient
de ne pas voir arriver assez tôt la naissance du jour,
pour courir à l'Institut, et si on leur avait annoncé
des vacances, ils auraient frémi et les auraient con-
sidérées comme le plus grand des malheurs. Fait important, Messieurs, et le plus important peut-être de
tous ceux dont j'ai eu l'honneur de vous entretenir,

---

(1) Voyez la note N.° 8.

parce que « celui qui serait assez heureux, dit l'abbé
» Fleuri, pour joindre des sensations agréables aux
» premières instructions que l'on donne des choses
» utiles pour les mœurs, ou pour la conduite de
» la vie, en un mot, pour joindre le bien véritable
» avec le plaisir, aurait trouvé *le secret de la meil-*
» *leure éducation.* »

Ce secret a été trouvé par Pestalozzi, ainsi que
beaucoup d'autres non moins importans. Mais, puisque la Méthode de Lancaster tire son plus grand avantage du profit du temps, comme je le vois par les ex-
posés de MM. les Comtes de Lasterie, de la Borde et
de M. le Baron de Gerando, cette Société fait très-
bien de la préférer dans son choix aux méthodes
communes; et elle ne pourra pas non plus regarder
avec indifférence celle de Pestalozzi, basée sur le même
principe. Je vois dans celle-ci tout ce qui se trouve
dans l'autre ; mais je n'aperçois dans la Méthode de
Lancaster presque rien de ce qu'il y a dans celle de
Pestalozzi de plus sublime et de plus intéressant. Je
crois cependant que cette Société ne perd pas son
temps à propager ce qu'on appelle *la Méthode de
Lancaster*, parce qu'elle peut servir d'introduction à
celle de Pestalozzi qui exige des préparations plus
longues et sur-tout *l'acquisition des livres élémentaires, nouvellement perfectionnés et traduits en
langue française.* De cette manière, les changemens
ne seront pas si brusques et si violens, et on remplira
le but recommandé par cette axiome politique : *La*

meilleure institution est celle qui touche par un plus grand nombre de points à celle qui la précède. Un enfant instruit par la Méthode *mécanique* de Lancaster, apprendra la Méthode *psychologique* de Pestalozzi en moitié moins de temps que l'apprendrait un de vos étudians actuels, parce qu'il est habitué déjà à *fixer son attention ;* et comme M. de Gerando l'a dit très-bien dans son rapport : « On » pourra transporter à la Méthode de Lancaster une » partie des vues de Pestalozzi, qui reposent en gé— » néral sur de bons principes. »

Oui sûrement sur *les principes* des premiers savans anciens et modernes : sur *les principes* de Bacon, de Locke, de Condillac, de Cabanis, de Lacroix, de Destut-Tracy, et sur ceux même de notre respectable Président. J'emprunterai son langage philosophique pour donner les dernières idées sur la Méthode de Pestalozzi. « Les élèves, a dit M. de Gerando, » (en parlant des sourds-muets) suivent leurs maîtres » sans efforts dans cette route TRACÉE PAR LA NA- » TURE. Ils les devancent presque ; on est surpris de » les voir ensuite raisonner mieux que les autres » hommes ; C'EST QUE LEURS IDÉES ONT ÉTÉ MIEUX » FAITES. On est surpris de la facilité avec laquelle » ils rendent compte de toutes leurs connaissances ; » C'EST QU'ILS ONT PU OBSERVER EUX-MÊMES COM— » MENT ILS LES FORMAIENT ; c'est que, dirigés par » des maîtres habiles, ils ont fait avec réflexion ce » que nous faisons D'UNE MANIÈRE MÉCANIQUE. »

Je trouve, dans l'Emile de J.-J. Rousseau, un autre portrait des Pestalozziens, et je ne peux résister au plaisir de vous le présenter.

« Que l'enfant s'occupe, dit-il, ou qu'il s'amuse,
» l'un et l'autre est égal pour lui; ses jeux sont ses
» occupations, il n'y sent point de différence. Il
» met à tout ce qu'il fait un intérêt qui fait rire et
» une liberté qui plaît, en montrant à la fois le tour
» de son esprit et la sphère de ses connaissances.
» N'est-ce pas le spectacle de cet âge, un spectacle
» charmant et doux, de voir un joli enfant, l'œil
» vif et gai, l'air content et serein, la physionomie
» ouverte et riante, faire, en se jouant, les choses
» les plus sérieuses, ou profondément occupé des plus
» frivoles amusemens?

» Voulez-vous à présent le juger par comparaison?
» Mêlez-le avec d'autres enfans, et laissez-le faire.
» Vous verrez bientôt lequel est le plus vraiment
» formé, lequel approche le mieux de la perfection
» de leur âge. Parmi les enfans de la ville, nul n'est
» plus adroit que lui, mais il est plus fort qu'aucun
» autre. Parmi de jeunes paysans, il les égale en force
» et les passe en adresse. Dans tout ce qui est à portée
» de l'enfance, il juge, il raisonne, il prévoit mieux
» qu'eux tous. Est-il question d'agir, de courir, de
» sauter, d'ébranler le corps, d'enlever des masses,
» d'estimer des distances, d'inventer des jeux, d'em-
» porter des prix? On dirait que la nature est à ses
» ordres, tant il sait aisément plier toute chose à ses

(42)

» volontés. Il est fait pour guider, pour gouverner
» ses égaux ; le talent, l'expérience lui tiennent lieu
» de droit et d'autorité. Donnez-lui l'habit et le nom
» qu'il vous plaira, peu importe, il primera par-
» tout, il deviendra par-tout le chef des autres, ils
» sentiront toujours sa supériorité sur eux ; sans vou-
» loir commander, il sera le maître ; sans croire obéir,
» ils obéiront. »

Voilà les Pestalozziens dépeints avec des couleurs
aussi riches que vigoureuses, et bien supérieures à
celles que je pourrais employer moi-même.

L'Espagne, ayant rempli l'engagement qu'elle avait
pris de faire un essai d'un an, fut ensuite obligée
d'ajourner ses vues à une époque plus favorable, et
de porter toute son attention vers la politique et la
guerre. Mais, si elle perdit son Établissement Pestalozzien, dans lequel on ne vit jamais bâiller ni s'en-
nuyer les enfans, ce fut après avoir donné la preuve
la plus solemnelle de l'excellence de cette Méthode,
et avoir employé à la perfectionner toute la *volonté*
et toute la *persévérance* qui sont nécessaires dans les
grandes entreprises, et dont *le caractère espagnol*
peut être capable.

L'Allemagne conserve encore des institutions semblables, ainsi que le Danemarck et la Suisse. La
France pourra jouir du même avantage, si elle croit
que cette Méthode est bonne, et même supérieure à
toutes les autres, ainsi que le prouve l'expérience
faite à Madrid. Alors, et seulement alors, elle verra

que « nos maux ne sont point sans remède ».

Non insanabilibus œgrotamus malis.

Si les nouvelles découvertes, obtenues dans les diffé-rentes branches de l'industrie, donnent un avantage réel et décidé sur les autres nations à celles qui les adoptent les premières, et si tous les hommes bien-faisans, et tous les Princes qui aiment leurs peuples s'empressent de les imiter ; les découvertes importantes à l'égard de l'éducation acquièrent un prix d'autant plus grand qu'elles ont une influence plus directe sur les progrès des facultés physiques et morales des hom-mes, et sur leur bonheur. La politique funeste et abominable qui voudrait éloigner d'une nation ces découvertes, serait insoutenable dans le siècle des lumières et de la philanthropie qui éclaire l'univers, et elle ne pourrait être consentie par un Roi qui s'honore du titre de Père de son peuple, prince éclairé comme celui qui gouverne présentement la France. L'illustre espagnol Campomanes établit par principe, que « la nation qui n'aura pas le soin d'introduire » dans les fabriques les nouvelles méthodes de per-» fectionnement, restera très en arrière par rapport » aux autres. » Si ce malheur arrive à l'égard des objets de l'industrie manufacturière, je demande encore quelles seraient les conséquences qui s'en sui-vraient si on méprisait les nouveaux perfectionnemens en éducation ?

Mais à l'égard des avantages de celle de Pestalozzi,

je ne veux pas, Messieurs, être cru sur ma parole, et quoique *la plus pure et la plus suave de toutes les jouissances soit celle de parler le langage de la vérité,* Platon nous dit aussi : « qu'il n'est pas facile de la » faire entendre aux autres. » Par cette raison, vous me permettrez d'ajouter à ces réflexions une liste de savans espagnols et de personnes très-recommandables qui se trouvent présentement en France, et qui ont été témoins des admirables résultats obtenus par la Méthode de Pestalozzi, lesquels ne feraient aucune difficulté de joindre leur témoignage au mien pour vous assurer que tout ce que j'ai avancé, par rapport à l'expérience faite à Madrid, est de la plus exacte vérité (1).

Enfin, Messieurs, si tant de garanties donnent à ces réflexions quelque poids, je dois vous assurer, sur mon honneur, que tout ce que j'ai dit est bien peu de chose en comparaison de ce que je pourrais dire encore sur l'importance de la Méthode de Pestalozzi ; de ce *Jenner de l'esprit,* qui recevra, comme lui, de la postérité des monumens de la reconnaissance des hommes, quand ils se guériront de la folie d'honorer seulement avec éclat les actions guerrières des destructeurs du genre humain, et préféreront d'immortaliser les découvertes bienfaisantes. Celles de *Jenner* et de *Pestalozzi* sont les deux dernières et les plus utiles qui aient apparu dans le monde presque en

----

(1) Voyez la note N.º 9.

même temps, et qui se distinguent par d'autres heureux rapprochemens. L'une produit la purification et le développement des germes de la vie, et la conservation de tant de milliers de personnes qui périssaient auparavant, et l'autre produit le développement des germes de l'esprit, et leur donne une existence inconnue jusqu'à ce jour; l'une évite la mort du corps, en conservant le souffle de la vie, et l'autre empêche de languir dans l'assoupissement de l'ignorance, qui est la mort de l'âme (1).

Paris, 5 septembre 1815.

FRANÇOIS AMORÓS.

---

(1) Voyez la note N.º 10.

NOTES.

(1) *Copies de deux lettres écrites par Sa Majesté l'Empereur Alexandre et par S. Exc. M. le comte Capo d'Istria, à Monsieur Pestalozzi, fondateur et directeur de l'Institut d'éducation établi à Yverdun, canton de Vaud, en Suisse.*

Vienne, 4 (16) novembre 1814.

Monsieur, la Méthode d'enseignement, consignée dans vos ouvrages et mise en pratique dans l'Institut d'éducation dont vous êtes le fondateur, m'a constamment paru propre à répandre les véritables connaissances et à former des instituteurs éclairés. M'étant fait rendre compte des résultats que vous obtenez journellement, j'ai été à même d'apprécier toute l'utilité de vos occupations. Il m'est agréable de pouvoir vous donner une marque signalée de l'intérêt que m'inspire une vocation aussi respectable, en vous créant chevalier de l'ordre de Saint-Wladimir de la quatrième classe, dont je vous transmets la décoration que j'accompagne de l'expression de ma considération pour vous. *Signé* ALEXANDRE.

A M. Pestalozzi.

Vienne, 6 (18) novembre 1814.

Monsieur, en vous transmettant ci-incluses les marques que S. M. l'Empereur, mon auguste maître, a désiré vous donner de sa bienveillance, c'est à votre patrie, à votre institut, que je crois devoir adresser mes félicitations plus qu'à vous-même. Les distinctions ne sauraient être par elles-mêmes le prix d'une entreprise telle que la vôtre, marquée du sceau d'une philantropie éclairée et de la véritable grandeur. La passion du bien qui vous anime doit nécessairement exclure toutes celles qui font agir le commun des hommes. Mais le témoignage d'un Prince, plus grand par ses vertus que par sa puissance, a pour but d'honorer une invention utile dans la personne de son auteur, de faire apprécier à tous ceux qui travaillent dans le même esprit toute l'importance des services qu'ils rendent à l'humanité et des résultats qu'on a droit d'en attendre. S. M. l'Empereur ne se borne pas à manifester sa bienveillance; elle désire que, par une coopération plus étendue et plus universelle, vos découvertes dans la science de l'éducation de l'homme soient généralement mises en pratique.

En mon particulier, Monsieur, je m'estimerai heureux toutes les fois que je pourrai contribuer aux succès d'une institution, que j'ai été dans le cas d'admirer de près dans toute la beauté de ses détails. Il me serait infiniment agréable de pouvoir vous prouver aussi la sincérité des sentimens d'estime et de considération avec lesquels j'ai l'honneur d'être, Monsieur, etc.

Signé le Comte Capo d'Istria.

---

(1) INTUITIVE, INTUITION. Ces mots sont dérivés du mot latin *intuitus* qui signifie *voir, considérer de près*, et jusque au fond. On l'emploie aujourd'hui dans le langage philosophique, pour désigner la vue du sens intérieur ou de l'âme. L'impression, reçue par les sens extérieurs et

principalement par celui de la vue, se communique aussitôt à l'âme qui acquiert par là le sentiment de la conscience de l'objet.

Cette représentation de l'objet, saisie par l'âme, est appelée *intuition*. Elle peut devenir telle, que l'homme, à l'aide de l'imagination et de la mémoire, jouit de la vue de tous les objets dont son œil lui a transmis la sensation distincte, lors même qu'ils ne frappent plus ce dernier, et cela aussi vivement que s'ils lui étaient toujours présens.

Une instruction *intuitive* est donc celle qui fait toucher à l'enfant au doigt et à l'œil ce qu'on lui enseigne, même les vérités les plus compliquées. Il faut ici qu'il puisse *voir dans ses yeux* l'évidence, qu'il puisse, pour ainsi dire, *la palper*. On comprend aisément que, si l'on peut trouver le moyen de parvenir à un tel résultat, la marche de l'enfant sera nécessairement la plus *sûre* et la plus *heureuse possible*.   CHAVANES.

---

(3) *De quelques problêmes que les Pestalozziens espagnols résolurent dans les examens qui eurent lieu devant la Cour et à Madrid.*

I. Combien de francs y a-t-il dans 500 piastres, plus 3 fois la cinquième partie d'une piastre?

II. Un bataillon se compose de 9 compagnies, avec 5 officiers chacune; on doit le réformer pour recevoir une autre composition, et former des compagnies de 5 officiers chacune; combien de compagnies pourra-t-on former avec les officiers des 9 compagnies?

III.

III. La somme de deux nombres est 41 , et sa différence est 7. Quels sont les deux nombres ?

IV. Quel est le nombre dont la moitié, le quart et le septième, plus 5 , composent la troisième partie de 990 ?

V. On bombarde une place 11 jours de suite ; le premier jour on y jete 48 bombes , le second 78 , et chaque jour 30 bombes de plus. Combien de bombes aura-t-on jetées au bout des 11 jours ?

VI. Une colonne de 600 hommes, qui marche en 20 pelotons égaux à des distances égales, doit se ranger en bataille sur le premier peloton. Le plus prochain peloton du premier , c'est-à-dire le second , a besoin de trois secondes pour se ranger en bataille ; le troisième, de six secondes ; le quatrième, de neuf, et ainsi de suite. Combien de temps faut-il pour que l'évolution soit faite ?

VII. Un vaisseau n'a plus de vivres que pour 20 jours, et dans ces 20 jours il revient à chacun de l'équipage une livre de biscuit par jour ; mais il doit naviguer 25 jours , forcé par l'ennemi. A combien doit se réduire la ration journalière ?

VIII. Si , avec la nouvelle charrue de Felenberg, on double le produit des récoltes ; combien de fanègues de blé produiront dix mesures et demie de terre, qui produisaient seulement sept fanègues et demie de blé chacune ?

IX. Un ami dit à un autre, qui aimait beaucoup la chasse : pour chaque coup de fusil que tu feras atteindre au but, je te donnerai 60 francs , et pour chaque coup que tu manqueras, tu me paieras 36 francs ; au bout de 16 coups ils furent quittes. Combien de fois atteignit-il le but, et combien de fois il le manqua ?

X. Si le diamètre d'un cercle est sept fois la vingt-deuxième partie de sa circonférence, de combien de pieds sera l'arc de 12 degrés d'un cercle, dont le diamètre est 21 pieds ?

XI. Un postillon sort de Barcelone pour aller à Madrid, qui se trouve à 100 lieues de distance, et il fait une lieue et demie par heure ; 8 heures plus tard sort un autre postillon de Madrid pour aller à Barcelone, qui fait 2 lieues et demie par heure. A quelle distance de Madrid et de Barcelone se rencontreront-ils ?

XII. Un corps d'Espagnols veut couper une colonne ennemie qui est en retraite ; l'ennemi se trouve à 7 lieues et demie du point où l'on veut le couper, et marche trois quarts de lieues pendant une heure ; les Espagnols se trouvent à 10 lieues du même point. Combien de lieues doivent-ils faire par heure pour se trouver dans le point déterminé une demi-heure avant l'ennemi ?

XIII. Un espion raconte ce qui suit, des forces de l'ennemi : sa cavalerie est deux fois la sixième partie de son infanterie, son artillerie est deux fois la dixième partie de sa cavalerie, et son artillerie est le double de la nôtre, qui se compose de 40 hommes. Quelles seront les forces de l'ennemi ?

XIV. Combien 40 fois la troisième partie de la troisième partie de la moitié de la moitié de 72 francs, composent de fois la cinquième partie de la moitié, de la troisième partie de 30 ?

XV. La Reine a un collier composé de 150 diamans ; elle veut former divers bijoux plus petits ; un de ces bijoux doit être composé de 15 fois la trentième partie des 150 diamans ; un autre doit être composé de 5 fois la quinzième partie du reste, et cinq autres doivent avoir un nombre de diamans égal. Combien de diamans aura le premier bijou, combien le second, et combien auront les cinq autres.

XVI. Cinq manœuvres, travaillant 10 heures par jour, creusent en 7 jours un fossé long de 50 pieds, large de 7, profond de 5. En combien de jours neuf manœuvres, travaillant 8 heures par jour, auront creusé un autre fossé long de 54 pieds, large de 9, et profond de 4 ?

XVII. Un homme a payé les $\frac{2}{3}$ de sa dette, puis $\frac{1}{4}$ de ce qu'il redevait ; quelque temps après il a payé $\frac{2}{3}$ du nouveau reste et il doit encore pour solde 40 livres. Quelle était sa dette primitive ?

Solution des problêmes précédens.

I. Il y a 2503 francs.

II. 5 compagnies, et il y aura encore deux officiers de trop.

III. 24 et 17.

IV. 364.

V. 2178.

VI. 9 minutes et demie.

VII. A $\frac{2}{3}$ d'une livre de biscuit.

VIII. 157 fanègues de blé.

IX. Il manqua 10 coups, et atteignit 6 fois le but.

X. 2 pieds et ⅓.

XI. A la distance de 55 lieues de Madrid et 45 de Barcelone.

XII. Une lieue et ⅓ de lieue par heure.

XIII. 1200 hommes d'infanterie, 400 de cavalerie et 80 artilleurs.

XIV. 80 fois la cinquième partie de la moitié de la troisième partie de 30 francs.

XV. Le premier bijou aura 75 diamans, le second 25, et les 5 autres 10 diamans chacun.

XVI. En 5 jours, 9 heures 36 minutes.

XVII. Sa dette primitive est 96 livres.

---

(4) Voici un exemple de la marche que les enfans suivent pour la résolution des problêmes. Je proposerai, pour abréger l'opération, un problême qui ne soit point composé d'un grand nombre de numéros, et qui appartienne au 3.ᵉ exercice du premier tableau du rapport des nombres.

Demande : Combien 6 fois 3 et une fois la troisième partie de 3 font-elles de fois 4 ?

Réponse : 6 fois 3 et une fois la troisième partie de 3 sont 4 fois 4 et 3 fois la quatrième partie de 4.

Demande : Pourquoi ?

Réponse : Parce que 1 fois 3 est 3 fois 1 ; 2 fois 3 sont 6 fois 1 ; 3 fois 3 sont 9 fois 1 ; 4 fois 3 sont 12 fois 1 ; 5 fois 3 sont 15 fois 1 ; 6 fois 3 sont 18 fois 1 ; la troisième partie de 3 est 1 ; 18 fois 1 et 1 fois 1 sont 19 fois 1 ; 19 fois 1 sont 6 fois 3 et 1 fois la troisième partie de 3 ; 1 fois 4 est 4 fois 1 ; 2 fois 4 sont 8 fois 1 ; 3 fois 4 sont 12 fois 1 ; 4 fois 4 sont 16 fois 1 ; la quatrième partie de 4 est 1 ; 2 fois la quatrième partie de 4 sont 2 fois 1 ; 3 fois la quatrième partie de 4 sont 3 fois 1, 16 fois 1 et 3 fois 1 sont 19 fois 1 ; donc, 19 fois 1 sont 4 fois 4 et 3 fois la quatrième partie de 4 ; par conséquent, 6 fois 3 et 1 fois la troisième partie de 3 sont 4 fois 4 et 3 fois la quatrième partie de 4.

Lorsque l'enfant est bien exercé à rendre raison de chacune de ces opérations, avec tout ce détail, on lui permet une manière plus abrégée.

Demande : Combien 8 fois 7 et 6 fois la septième partie de 7 sont-ils de fois 1 ?

Réponse : 8 fois 7 et 6 fois la septième partie de 7 sont 62 fois 1.

Demande : Pourquoi ?

Réponse : 1 fois 7 est 7 fois 1 ; 8 fois 7 sont 56 fois 1 ; la septième partie de 7 est 1 ; 6 fois la septième partie de 7 sont 6 fois 1 ; 56 fois 1 et 6 fois 1 sont 62 fois 1 ; donc, 8 fois 7 et 6 fois la septième partie de 7 sont 62 fois 1.

-----

(5) Barthélemy, dans le chapitre 8 du tome 2 d'Anacharsis, d'après Aristote et d'autres auteurs anciens, a dit :

» Toute la Grèce regarde les exercices gymnastiques
« comme la partie la plus essentielle de l'éducation,
« parce qu'ils rendent un homme agile, robuste, capable
« de supporter les travaux de la guerre et les loisirs de
« la paix. Considérés, par rapport à la santé, les méde-
« cins les ordonnent avec succès. Relativement à l'art
« militaire, on ne peut en donner une plus haute idée
« qu'en citant l'exemple des Lacédémoniens ; ils leur
« durent autrefois les victoires qui les firent redouter des
« autres peuples, et dans ces derniers temps, il a fallu,
« pour les vaincre, les égaler dans la gymnastique. »

* * * * * * * * * *

(6) On pourrait former cinq ou six volumes, si on voulait réunir tous les passages des auteurs qui ont parlé en
faveur de la gymnastique ; mais je me contenterai de
citer seulement l'opinion de deux abbés, parce que, sous
ce rapport, je la considère comme plus convaincante
que celles des autres auteurs, par la raison même que leur
profession et leurs principes semblent les éloigner davan-
tage de recommander l'importance de cette branche des
institutions humaines.

Commençons d'abord par M. l'abbé Blanchard. » Si
« vous voulez, dit-il, préparer votre fils à une santé forte
« et robuste, aussi bien qu'à des mœurs pures et inno-
« centes, gardez-vous sur-tout de l'élever trop délica-
« tement..... A force de livrer leurs enfans à la mol-
« lesse, les mères ouvrent leurs pores aux maux sans
« nombre dont ils ne manqueront pas d'être la proie
« étant grands ; disposez bien plutôt le vôtre aux atteintes
« qu'il aura un jour à supporter ; armez-le contre les
« maux que les âges suivans lui préparent ; que l'habitude

« le rende, en quelque sorte, insensible aux intempéries
« des saisons, des climats, des élémens, à la faim, à la
« soif, à la fatigue. *Plongez-le dans les eaux du Styx,
« afin qu'il soit invulnérable.....*

« Ainsi fut élevé un de nos plus grands et de nos meil-
« leurs rois, Henri IV. Il reçut sa première éducation
« dans un château du Béarn, parmi les rochers et dans
« les montagnes. Là, il était habillé et nourri comme les
« autres enfans du pays ; on l'accoutumait à courir et à
« monter sur les rochers ; sa nourriture ordinaire était du
« pain bis, du fromage et du bœuf; souvent même on
« le faisait marcher nus pieds et nue tête. Cette éducation
« mâle contribua sans doute à lui donner *cette trempe
« d'âme vigoureuse et forte, qui en fit dans la suite un
« si grand homme.* Il serait à souhaiter, dit *M. Tho-
« mas,* que nos mœurs nous permissent d'imiter de pa-
« reils exemples. La mollesse, vice ordinaire de notre
« éducation moderne, en affaiblissant nos organes, dé-
« truit le principe des grandes choses, et fait, pour ainsi
« dire, *mourir l'âme avant d'être née.....* Pour roidir
« l'ame de l'enfant, dit *Montagne,* il faut lui durcir les
« muscles ; en l'accoutumant au travail, on l'accoutume
« à la douleur ; il le faut rompre à l'âpreté des exercices,
« pour le dresser à l'âpreté de la colique et de tous les
« maux.... La constance et la fermeté sont, ainsi que
« les autres vertus, les apprentissages de l'enfance ; mais,
« ce n'est pas en apprenant leurs noms qu'on les ensei-
« gne, c'est en les faisant pratiquer. «
Voilà les opinions de l'abbé Blanchard ; voyons main-
tenant celles de M. l'abbé Germain.

« L'esprit est un bien faible maître, quand le corps,
« qu'on nomme son esclave, manque de force et de

« vigueur pour exécuter ses ordres..... Les troupes de
« Joyeuse avaient autant de courage et d'honneur que
« celles du roi de Navarre, à la fameuse journée de
« Coutras; mais elles manquaient de cette force de corps
« qui fait supporter la fatigue d'un combat long et opi-
« niâtre. Les soldats de Henri, toujours couverts d'une
« armure pesante, toujours hérissés de fer, et dans un
« exercice continuel, sentaient à peine le poids de leurs
« lourdes épées, et les maniaient avec facilité; les troupes
« de Joyeuse, levées à la hâte, tirées du loisir des villes,
« et leurs chefs des intrigues et des plaisirs de la cour,
« succombèrent bientôt sous un fardeau si extraordi-
« naire. *Puis donc que le bonheur des particuliers et le*
« *salut de l'état dépendent de la constitution saine et*
« *robuste de ceux qui le composent, ne négligeons rien*
« *pour la procurer à ceux qui en seront un jour le sou-*
« *tien. Or, elle dépend de la propreté, de la salubrité*
« *de l'air, des alimens, de l'exercice et du repos.....*
« Un enclos vaste et spacieux permettrait aux élèves de
« s'exercer à la course, aux barres, à la longue paume,
« au tamis, au mail, à sauter un fossé, à grimper à la
« cime des arbres, à monter à une échelle, à un mât, à
« cultiver la partie du jardin qui leur serait assignée.
« L'utilité de ces exercices a été démontrée par d'habiles
« maîtres.... Quelle heureuse influence n'auraient point
« ces exercices sur toute la société! Une nouvelle géné-
« ration sortirait bientôt de nos colléges; loin d'être
« plongée comme la nôtre dans la mollesse et les plai-
« sirs, elle serait robuste et vigoureuse. Endurcie dès
« l'enfance aux plus pénibles travaux, elle se ferait un
« jeu de tous ceux que la société lui présenterait un jour.
« Si le courage n'est que le sentiment intérieur de nos

« forces physiques , elles seraient plus propres que nous
» à braver les périls de la guerre ; on verrait bientôt
« sortir de leurs tombeaux ces antiques et braves cheva-
« liers dont nous ne pouvons contempler les armures sans
» éprouver un sentiment confus d'envie, de désespoir et
« de vénération. Ne craignez pas que cette jeunesse soit
« aussi sujette que la nôtre à ces passions honteuses et
« malfaisantes qu'on dit exercer de si cruels ravages dans
« nos colléges ; à peine aurait-elle celui d'y succomber...
« C'est dans l'oisiveté des récréations que les élèves des
« colléges s'apprennent les uns aux autres l'art infernal
« et meurtrier de se corrompre et de se perdre eux-mê-
« mes. Joignez aux exercices de la gymnastique les tra-
« vaux de l'étude, la voix imposante de la religion, la
« vigilance des maîtres, la séparation des âges, et vous
« verrez toutes les portes fermées au vice le plus ennemi
« de la santé.

« Ne croyez pas que ces exercices soient long-temps
« concentrés dans les murs du collége ; ils se répandront
« bientôt dans toutes les classes de la société, ils pren-
« dront la place de ces jeux sédentaires qui détruisent nos
« corps et nos fortunes. Le peuple les fera peut-être enfin
« succéder à ces danses efféminées qui corrompent ses
« mœurs, et à ces dissolutions qui étouffent sa raison en
« ruinant sa santé ; c'est ainsi qu'un grand exemple,
« donné d'une manière uniforme, et soutenu par tous
« les colléges de la France, pourra rappeler la force, le
« courage et l'innocence dans toute la nation.... C'est
« de l'éducation physique des enfans que dépendent non
« seulement leur santé et l'utilité dont ils doivent être
« dans le monde, mais encore la sûreté et la prospérité
« de l'état qui les a vus naître, et dont ils sont membres.

« Les hommes efféminés entraîneront toujours la chute
« des empires dans lesquels leur nombre dominera. Si
« ce malheur a sa source dans la manière dont les sujets
« ont été élevés dans leur enfance, on n'en pourra jamais
« triompher.

» C'est l'éducation qui rendit courageux,
» De Sparte, *sans appui*, les enfans vertueux ;
» C'est elle qui rendit les Romains invincibles,
» Et fit qu'aux plus grands maux ils furent insensibles.

Armstrong.»

Après avoir exposé les opinions de ces deux ecclésias-
tiques, me serait-il permis de faire quelques questions ?
Qui donnera plus de preuves de son attachement pour
les Français, ou de celui qui professera les principes de ces
auteurs, ou de celui qui voudra affaiblir jusqu'au caractère
de cette nation valeureuse ? Le véritable ami des Français
sera-t-il l'homme qui voudra former par l'éducation des
citoyens vigoureux et intelligens, capables de remplir
tous les devoirs de leurs attributions, ou celui dont le
but sera de former de simples marionnettes ? Les plus
grands ennemis des Français se garderaient bien de leur
conseiller de s'avilir par une éducation pusillanime,
parce qu'alors ils n'auraient aucune gloire à les vaincre ;
et quand leurs plus grands ennemis auraient honte de leur
donner de semblables avis, que devrait-on penser de ceux
qui proposeraient de réduire ces mêmes Français à l'hu-
miliante dégradation de n'être point des hommes ? Folie
impraticable, vœu téméraire et anti-patriotique, avilissement qui n'est pas réservé aux vainqueurs de tant de
peuples !

Mais, en considérant encore cet objet sous d'autres

points de vue, où la justice et la politique ne soient point
absolument méprisées, je demanderais encore qui serait
capable de conseiller à une nation d'affaiblir ses institutions, quand les Anglais eux-mêmes, après avoir rempli leurs desseins, donnent encore plus de vigueur à la
discipline, et enseignent avec plus de soin l'exercice de
la bayonnette à leurs soldats ; quand les Espagnols for-
ment des établissemens de guerre qu'ils n'avaient pas ;
quand les Prussiens élèvent un état militaire plus formi-
dable que jamais, et quand toutes les puissances sont
assez éclairés sur leurs intérêts pour ne pas affaiblir leurs
propres institutions?.... Toutes les fois, dit Montesquieu,
« que les Romains se crurent en danger, ou qu'ils vou-
« lurent réparer quelque perte, ce fut une pratique cons-
« tante chez eux d'affermir la discipline militaire. »

Les Français n'ont-ils pas aussi à présent un roi, une
constitution, une indépendance et un gouvernement à dé-
fendre? Sont-ils sûrs que l'ambition et les intérêts opposés
des autres puissances ne viendront jamais froisser les
leurs et détruire leur prospérité?

Ainsi le conseil d'affaiblir les établissemens d'éducation d'une monarchie serait à la fois le plus impolitique
et le plus perfide qu'on pourrait donner, et le repos du
monde ne pourra jamais s'établir sur l'avilissement d'un
peuple quelconque, chez lequel l'honneur soit le premier
élément de son existence politique, et la grandeur des
sentimens le premier besoin. Les institutions qui se trouvent en harmonie avec les opinions et les sentimens des
peuples sont les seules durables. Solon, plus prévoyant
que Lycurgue, fit des lois pour les Athéniens, selon leurs
mœurs et leurs penchans ; mais Lycurgue voulut donner
aux Spartiates des mœurs conformes à ses lois ; celui-ci

ne voulait faire que des soldats, et il vint à bout de ses desseins, avec ses principes durs et austères; tandis que Solon, voulant réunir les talens aux vertus militaires, fit des hommes dans tous les genres, en suivant des principes moins sévères et plus analogues aux mœurs des Athéniens. Il résulta de cette différence dans le choix des moyens que, quand les Lacédémoniens furent vaincus, malgré leurs efforts héroïques, ils furent anéantis avec leurs institutions; mais celles des Athéniens survécurent même à la perte de la liberté, et lorsque toute la Grèce était assujettie, ces derniers triomphaient encore de leurs vainqueurs par la supériorité de leurs talens et de leurs lois, qui avaient une base plus sûre et plus durable, *celle de la nature humaine.*

----

(7) *Noms de quelques auteurs qui ont recommandé des soins pour l'éducation physique et gymnastique.*

Abreu, Amar-Duvivier, Asclépiade.

Baglivi, Barruel, Barthélemy, Basedow, Bidou, Blanchard, Boerhaave, Bonnet, Borrely, Buchan, Buffon, Burette.

Cabanis, Camper, Campomanes, Celse, Chalotais, Clairaut, Coyer.

Daniel, De Crouzas, De Gerando, Desessarts, Diderot, Dioclès, Drouin, Duclos, Dufour, Dumarsais.

Madame Edgewort, Erasistrate.

Faber, Fabrice d'Hilden, Falconerii, Fallope, Felenberg, Fénélon, Fleury, Formey, Frank.

Galien, Madame de Genlis, Germain, Ginesta, Grivel, Guthmuz.

Haller, Heinrich, Helvétius, Hérodicus de Lentini, Hérophile, Homère, Horace, Hyppocrate.

Jauffret, Jules-César, Juvenal, *Julien*.

Lancelin, Leroy, Lycurgue, Locke.

Mably, Martinez, le Marquis de la Mina, Mercurialis, Meursius, Mirabeau, Montaigne, Montesquieu, Moreau de la Sarthe.

Osorio.

Pascal, Peñalosa, Pestalozzi, Philotime, Pindare, Piquet, Platon, Plutarque, Praxagore.

Quintilien.

Raulin, Rollin, Rousseau.

Salgues, Salluste, Santa-Cruz, Saucerotte, Sénèque, Sicard, Smith, Solon.

Thomas, Tiebault, Tissot, Tourtelle.

Van Dale, Varanda, Vegèce, Verdier, Virey, Voltaire, Wan-Swieten, Wilich.

Xénophon.

Si l'on voulait augmenter cette liste d'un nombre infini d'auteurs qui ont parlé en faveur de l'éducation physique, il suffirait d'y porter tous les écrivains militaires et tous les médecins; mais j'ai dit pourquoi je préfère le témoignage des abbés sur ce point important de la constitution des peuples.

(8) Quand j'ai écrit ce mémoire, je n'avais pas connaissance de l'ouvrage de l'abbé Germain , qui a pour titre :
Le Guide des pères de famille et des Instituteurs. L'ayant
consulté dernièrement , je me flatte de me trouver d'accord avec lui sur beaucoup de points, et particulièrement
sur celui de l'emploi du temps. Voici comme il s'explique
à cet égard. « Au reste, si l'on ne veut rien retrancher
« sur le temps destiné à l'instruction des élèves pour
« rendre leurs récréations plus longues et plus fréquen-
« tes , il est un moyen de tout concilier. Que l'on sup-
« prime les vacances et les jours de congés hebdomadai-
« res, excepté ceux des dimanches et des fêtes, et que l'on
« répartisse sur tous les jours de l'année les heures de
« loisir que fournira cette suppression , il est certain,
« dans cette supposition , que le temps des études de
« l'année restant le même , celui des récréations journa-
« lières sera considérablement augmenté ; il n'est pas
« moins certain que cette dispensation uniforme, du repos
« et du travail , serait infiniment plus sage et plus utile
« aux élèves. Sans parler ici des dangers qui assiègent
« l'innocence d'une jeunesse oisive pendant deux mois ,
« et qui n'est plus surveillée, il est d'expérience qu'il faut
« employer un mois, au retour des vacances , pour rap-
« peler aux écoliers ce qu'elles leur ont fait oublier ;
« qu'un travail forcé après un loisir dont ils ne savaient
« que faire, que dix mois d'une vie sédentaire , pour
« ceux qui ont tous les jours besoin de mouvement et
« d'exercice, sont les causes ordinaires qui font détester
« aux jeunes gens le temps de leur éducation. Si les maî-
« tres se récriaient contre une économie qui tend à appe-
« santir le joug de l'instruction publique , déjà très-
« lourd dans l'état actuel des choses , je leur dirais qu'ils

« ne doivent jamais perdre de vue qu'ils sont faits pour
« les écoliers, que les écoliers ne sont point faits pour
« eux, et que, par ce nouvel arrangement, ils rega-
« gneraient en détail ce qu'ils perdraient en gros. »

---

(9) *Liste des Espagnols, actuellement en France,
qui ont été témoins des progrès que firent les
enfans élevés suivant la Méthode de Pestalozzi.*

A PARIS.

MM. Arnao, Mora et Lomas, Duran et Llorente, con-
seillers d'Etat du dernier gouvernement; le second avait
un fils à l'Institut de Madrid, et le dernier est auteur de
différens ouvrages.

M. Argote, préfet, disciple observateur nommé par la
Société de Grenade, et auteur de différens ouvrages.

M. Theran, préfet, directeur de la Société de Sanlucar,
chef de son Jardin *d'acclimatation*, et auteur de différens
mémoires d'économie publique.

M. Melon, rédacteur d'un Journal d'agriculture, juge
des imprimeries à Madrid.

M. Rancagno, colonel du génie, et directeur de la
maison des pages du roi.

M. d'Augustin, chanoine et directeur de l'hospice de
Madrid.

M. Contreras, trésorier des hôpitaux militaires.

Madame la comtesse de Berberana, mère de deux
Pestalozziens.

DANS LES DÉPARTEMENS.

M. Andujar, traducteur des ouvrages élémentaires de Pestalozzi, et second président de la commission nommée par le gouvernement pour examiner la Méthode.

M. Ferrer, secrétaire de la même commission, et dernièrement corrégidor de Madrid.

M. Castillo, second chef de l'Institut, militaire distingué.

M. Alea, bibliothécaire du roi, précepteur de morale à l'Institut, et membre de la commission des savans.

M. Vengoa, maréchal de camp du corps d'artillerie.

M. Moliner, prêtre de la chapelle du roi, et maître de musique à l'Institut.

M. Rubio, disciple observateur par la maison des pages du roi.

M. Manuel Hervas, directeur des postes d'Espagne, père d'un Pestalozzien.

----

(10) A l'appui de toutes ces réflexions, en faveur de l'éducation physique, viennent encore l'autorité et les expériences d'un homme de mérite qui s'est occupé, avec autant de zèle que de lumières, de tous les objets qui regardent l'*Arithmétique politique*, et les intérêts les plus précieux des hommes dans la société. Dans un très-grand travail sur la population, il considère la force physique de l'homme, son influence sur le travail et sur la puissance des peuples. Voici comment il s'explique :

« Le travail journalier, ou la quantité d'action utile « que l'homme peut produire, dépend immédiatement « de sa force physique.

« Les

« Les forces physiques de l'homme et de la femme,
« dans l'état de santé ou de maladie, varient, et suivant
« les âges, et suivant l'usage que l'individu a fait de ses
« forces, et suivant les divers climats, et suivant sa vita-
« lité.

« La force physique, ainsi que la vitalité d'une géné-
« ration subsistante à un âge déterminé, est la somme
« des forces physiques et celle des forces vitales indi-
« viduelles.

« Les lois de l'accroissement et du décroissement de
« ces deux forces ont une liaison intime, dont la con-
« naissance est extrêmement intéressante, mais que
« l'on ne peut découvrir par le secours de l'analyse que
« *à posteriori*, au moyen d'un très-grand nombre
« d'observations. «

M. Duvillard, correspondant de l'Institut et auteur de
ces réflexions, a eu la bonté de me les communiquer, et
m'a fait voir les courbes qu'il a construites pour découvrir la loi de l'accroissement et du décroissement de la
force des individus ; suivant leur sexe et leurs âges ; il est
à désirer que ses observations et leurs résultats soient
connus le plutôt possible, et que tous ceux qui en feraient
sur le même objet s'empressassent de les publier. Les
conséquences qu'on en déduit sont plus importantes
qu'on ne pourrait le croire, et si Mirabeau a dit » que
« le *travail* est le père du plaisir, des bonnes mœurs,
« de la vertu, du patriotisme, de la santé, et ce qui
« constitue véritablement une nation « ; on pourra déduire aussi des principes de M. Duvillard, qui se trouvent d'accord avec tout ce que j'ai dit, que le peuple
qui aura le plus de forces physiques pourra produire une
somme plus grande de travail et posséder plus de vertus,

de patriotisme, de santé et de plaisirs, et aussi que la somme des forces physiques et vitales des individus d'une nation, comparée à celles des individus d'une autre, sera la mesure de sa puissance, et qu'un homme pourra valoir autant que dix, s'il a dix fois plus de force et de courage que chacun de ces individus. L'histoire prouve cette vérité par la défaite des armées innombrables des Perses, des Américains et d'autres peuples vaincus par une poignée d'hommes qui avaient reçu une éducation énergique, et qui avaient des institutions qui centuplaient leurs forces.

Insistant donc toujours sur la très-grande importance des découvertes à faire et des résultats à obtenir sur cet objet, je proposerai à tous les établissemens d'éducation de se pourvoir de deux dynamomètres pour conserver toujours l'un dans le cas qu'il arrivât quelque malheur à l'un deux, et ne pas discontinuer les observations. Je proposerai encore de former un tableau à colonnes, pour y établir tous les six mois, et même tous les trois mois, si l'on veut, les renseignemens suivans.

1.º Le nom et prénom de l'individu, mâle ou femelle;

2.º Le lieu de sa naissance;

3.º Son âge;

4.º Sa profession;

5.º Sa stature en mètres et centimètres;

6.º Le tempérament, sanguin, bilieux, mélancolique ou flegmatique;

7.º Son poids;

8.º La force des mains;

9.º La force des reins;

10.º Observations générales.

Dans cette dernière colonne, on indiquera toujours la

manière de vivre plus ou moins active ; la couleur , blanche , brune , olivâtre , mulâtre , noire et ses combinaisons , etc.

Ces registres , conservés avec soin , serviraient à déduire les données qu'on cherche , et à offrir à M. Duvillard des bases sûres pour le perfectionnement de son travail.

Toutes ces opérations peuvent se faire aux heures des récréations , et les études ne souffriront aucun dérangement.

FIN.